はじめよう学校図書館 12

学校図書館
ボランティアへの期待

對崎奈美子・山田万紀惠　著

全国学校図書館協議会

はじめよう学校図書館　刊行にあたって

　今、学校図書館は、本が置いてある部屋（図書室）から、さまざまなメディアを活用する学習活動・読書活動や教員の教材研究などを支援する機能（学校図書館）へと大きく変わろうとしています。そのためには、学校図書館メディアが整備され、必要なときに、いつでも利用できる体制が整っている学校図書館が求められています。

　さらに、新学習指導要領の実施にともない、各教科の学習活動に学校図書館は欠かせないものになっています。学校図書館は、課題の設定から成果の発表までの一連の学習活動を支援し、楽しく実り豊かなものにしています。

　学校図書館が、生き生きと機能するためには、豊かな資質を備えた担当者の存在がなにより大切です。

　本シリーズは、学校図書館の実務に関するもっとも基礎的・基本的な業務について、その意義、目的、業務内容、実践上の留意点が初任者の方にもよくわかる入門書として書かれています。もちろん学校図書館の担当者にとっては必須の内容ばかりですので、学校図書館の運営に関する体系的な知識・技能を習得することができます。本シリーズが学校図書館づくり、および学校図書館運営にお役に立てれば幸いです。

公益社団法人全国学校図書館協議会

もくじ

はじめに ……………………………………………………………………… 6

1 広がる学校図書館ボランティアの活躍 …………… 8
1. 各地で活躍するボランティア ………………………………… 8
2. 急激に広がるボランティアの組織化 ………………………… 9
3. 本と子どもの橋渡しをするスタッフとして ………………… 11

2 組織化をどのようにすすめるか ………………… 14
1. 教職員の共通理解 …………………………………………… 14
2. 学校側とボランティアとの意識の調整 …………………… 15
3. 有償か無償か ………………………………………………… 16
4. 活動時間・活動場所の設定 ………………………………… 16
5. プライバシーの保護 ………………………………………… 17

3 ボランティアの活動内容 ………………………… 18
1. 活動内容を調査結果から見る ……………………………… 18
2. 望ましい活動内容 …………………………………………… 19
3. 具体的な活動内容 …………………………………………… 20
4. 著作権への配慮を …………………………………………… 23

4 ボランティアの研修 ……………………………… 26

5 これからの課題 ……………………………………29
1 学校司書や司書教諭の代わりではない ……………29
2 学校がリーダーシップを ……………………………29
3 「読み聞かせ」への配慮を …………………………30

6 川越市立新宿小学校での実践
：ボランティアの活動実践例1 ………………31
1 ボランティアの立ち上げ ……………………………31
2 読書ボランティアの読み聞かせ ……………………33
3 読書の行事に参加 ……………………………………33
4 学校図書館のリニューアル …………………………36
5 ボランティアの広報活動 ……………………………37
6 ボランティアの研修 …………………………………40
7 その他のボランティアの活動 ………………………40
8 ボランティア活動の継続 ……………………………42

7 川越市立高階小学校での実践
：ボランティアの活動実践例2 ………………43
1 読み聞かせボランティア「お話ポケット」 ………43
2 子ども読書の日と読書月間 …………………………44
3 図書館整備 ……………………………………………44
4 ボランティアの研修 …………………………………45
5 ボランティアは人と人の交流の場 …………………45

おわりに …………………………………………………48
索引 ………………………………………………………49

はじめに

　学校図書館は、1953年に制定された「学校図書館法」によって、学校への設置が義務付けられ、その目的・機能も明確にされています。
「学習センター」「情報センター」「読書センター」として、その機能を発揮することを求められている学校図書館は、学校教育の中核的存在です。
　その存在の重要性から、「学校図書館法」は現在までに何度か改正されてきました。平成7年の改正では、12学級以上の学校に司書教諭の発令が義務化され、2014年6月の改正では、「学校司書」が初めて明記され、配置が努力義務となりました。
　日本の子どもたちは等しく学ぶ権利を与えられ、学校は、すべての子どもたちがその学びを保証される場です。そして学校図書館は、すべての子どもたちの学びを積極的にサポートする機能をもっています。
　どの子も学校図書館によりさまざまな興味関心を掘り起こし、疑問を解決することができます。どの子も学校図書館により心を耕し、豊かな感受性を育てることができるのです。
　学校図書館がその機能を発揮するには、人の力が必要です。学校図書館法の改正により、当時より格段に司書教諭や学校司書の配置は進んできました。しかし、まだまだ十分ではありません。
　子どもたちの成長の見守りには、地域の力の存在が欠かせま

せん。「未来に向かって生きる子どもたちを、地域が一丸となって支援しましょう」という地域サポートの制度も生まれてきました。学校図書館ボランティアの誕生も、このような背景からでした。

　本書は、学校図書館ボランティアの存在に感謝しつつ、さらなる高みの活動を求めて記述いたしました。前半は、学校図書館ボランティアの役割、どう組織化するか、活動内容、研修などについて述べ、後半は２校における実践例を紹介しました。

　本書が学校図書館に関わる皆様の、活動の一助になれば幸いです。

1 広がる学校図書館ボランティアの活躍

1 各地で活躍するボランティア

　先日（2015年8月）、知人からうれしい便りが届きました。小豆島の小学校での学校図書館ボランティアの活躍の様子を知らせてきてくれたのです。地区内の4つの小学校が統合され、2015年4月に開校した小学校です。児童数およそ500名に対して学校図書館ボランティアが41名、毎週水曜日の「朝の読書タイム」で全校18学級に読み聞かせを実施しているとのこと、児童はその日をとても楽しみにしているそうです。さらには新着本の受入れにも協力、約100冊の本の受入れが購入日の翌日には済み、貸出しできたとのことで、毎日100名から200名の児童が本を借りていくそうです。

　筆者も経験があるのですが、新設校は教育活動のスタートにあたり、何かと仕事に追われます。その中で学校図書館を早く開館したいとあせる筆者を助けてくれたのが、「図書館開館の手伝いをします」と名乗りをあげてくれた地域の人たちでした。今から30年近く前のことになりますが、そのときが

ボランティアによる読み聞かせ（香川県土庄町立土庄小学校）

学校図書館ボランティアとの初めての出会いでした。勤務校のあった市内や県内でもまだボランティアの活躍は多くはありませんでした。

しかし、今や全国各地からボランティアの活躍の様子が届きます。新潟県佐渡市における小学校への読み聞かせの

子どもたちによる読み聞かせの感想（同左）

活動、埼玉県狭山市の中学校での定期的な読み聞かせと全校読み聞かせ朝会の実施、東京都国分寺市内の小・中学校へのお話の出前の活動など、枚挙にいとまがありません。

2 急激に広がるボランティアの組織化

学校図書館ボランティアの組織化の広がりは、文部科学省の平成26年度「学校図書館の現状に関する調査」（2015.6.2発表　以後「学校図書館調査」）を見ても歴然としています。筆者が前著『学校図書館ボランティア』（全国学校図書館協議会刊）を執筆した、平成13年5月の学校図書館調査におけるボランティアが活動している学校数の割合は、小学校　31.5％、中学校11.5％、高等学校　2.5％でした。それが平成26年度の調査によると、小学校81.8％、中学校　28.1％、高等学校　2.9％となり、13年間で小・中学校においては3倍に近い広がりを見せています。

この急激な広がりには、さまざまな要因が考えられます。

ひとつには、少子高齢化などさまざまな社会情勢の中で、地域力を生かしてみんなで子どもを育てようという意識の高まりです。「子ども見守り隊」・「学校サポーター」などネーミングはいろいろですが、個々人の力を集めて地域の大きな力とし、学校教育を応援しようという活動です。

学校のボランティアの活動には、登下校時の見守り、昔遊びの伝承、生活科での地域見学の付き添いなど多様な活動がありますが、その中でも、学校での読み聞かせが大きな比重を占めています。朝の時間に直接子どもたちと触れ合える機会として、好まれているのかもしれません。
　先日、三重県津市の主婦からの投稿（中日新聞2015.6.29）を読みました。一部引用して紹介いたします。「息子が小学校へ上がるのを機に、小学校の図書室ボランティアになった。（中略）子どもたちを前に読み聞かせをするのは本当に緊張したが、とても楽しそうに聞いてくれ、こちらもつられて笑ってしまったりした。先日、一人の児童が『また本を読みにきてね』と声を掛けてくれた。その声を励みに、これからも頑張ろうと思う。」このような投稿をときどき見かけ、読むと心がほっこりします。
　さらに、自己実現の意識の高まりの中で、「ボランティア」という言葉と活動が日本の社会に定着したこともあると思います。2011年3月11日に発生した東日本大震災後、国内はもとより世界各地からも被災地に駆け付けたボランティアは数知れません。ボランティアに参加するハードルがぐっと低くなったような気がします。「できることをできる範囲で関わりたい」という思いが実現できるようになったのです。
　また教育改革の方向性として、「開かれた学校」づくりや地域との連携が打ち出されたことも考えられます。学校図書館ボランティアに限ってみれば、官民あげての読書活動推進運動の展開なども、大きな要因と考えられます。
　第三次となる「子どもの読書活動の推進に関する基本的な計画」（以下「基本計画」平成25年5月閣議決定）では、「子どもの読書活動は、言葉を学び、感性を磨き、表現力を高め、創造力を豊かなものにし、人生をより深く生きる力を身に付けていく上で欠くことのできないものであり、社会全体で積極的にそのための環境の整備を推進していくことは極めて重要である」と述べています。さらに東日本大震災後の被災地において「本や絵本が子どもたちの心のよりどころとなった」と続き、「読書活動は、子どもが未来をたくましく切り拓くための活力の源」であるとしています。

筆者は東日本大震災後、数回にわたり被災地を訪問しました。避難先を訪れ本が届けられている状況を見たり、被災した学校の校長や図書館担当者から児童生徒を元気づける「本の力」について聞いたりしました。壊滅した学校図書館を、ボランティアの手に

全校読み聞かせ朝会（狭山市立山王中学校）

よって復活させたという話も聞きました。ですから先に引用した文言に納得しています。

さて「基本計画」では具体的にボランティアの活動について言及していますが、「Ⅲ　学校等における子どもの読書活動の推進」の２・小学校・中学校・高等学校等」の「(2)　学校における子どもの読書活動の推進のための取組」の項を見てみましょう。

特に「③　家庭・地域との連携による読書活動の推進」として、「多様な経験を有する地域の人材の協力を得ていくことにより、児童生徒の読書に親しむ態度の育成や読書活動の推進に資する様々な活動を推進していくことが可能となる」と述べています。

前述した狭山市の中学校の全校読み聞かせ朝会では、きむらゆういち作『あらしのよるに』の読み聞かせにピアノ伴奏の演出も加わり、生徒は臨場感を味わったとのこと、国分寺のお話の出前ではストーリーテリングを実施しています。いずれも、多様な経験をもつ地域の人材あってこそできる活動といえるでしょう。

3　本と子どもの橋渡しをするスタッフとして

「今、求められている教育」という視点から読書活動の推進の動きを考えて

みたいと思います。

現行の学習指導要領（平成20年及び21年公示）では、各教科等の学習を通じて言語活動を充実することとされ、発達段階に応じた体系的な読書活動を行うことが求められています。読書活動を支援し読書指導を充実させ、すべての子どもたちの読書の質と量を高める役割を担うのは学校図書館です。学習指導要領には明確に学校図書館の活用が記され、学習指導要領に準拠した教科書には当然のことながら学校図書館を活用した学習活動や読書に関わる記述が随所に見られます。2015年4月から使用されている小学校1年生の国語の教科書では、入学してすぐの学習単元に「読み聞かせ」を楽しむ様子が書かれています。理科の教科書にも科学者の伝記を読むようにいざなう記述があったり、学校図書館を活用するような学習の流れになったりしています。小学校の理科の教科書の巻末資料に「日本十進分類法」による分類表の一部が掲載されているのを見つけた時には驚きを禁じえず、「本当に理科の教科書？」と確認したほどでした。

　第三次「基本計画」は、この学習指導要領の流れを受けて作られたものです。今、2020年に向けて、大きな教育改革の方向性が示されています。学習指導要領の改訂、大学入試改革、1人1台のタブレット端末の整備、学習者用デジタル教科書の活用などです。大学入試改革の柱となるものは初等中等教育から高等教育まで一貫した「生きる力」の育成です。当然、学習指導要領の改訂もそれを受けたものとなるでしょう。

　この流れの中で盛んに使われるようになったのが「アクティブ・ラーニング」という言葉です。「初等中等教育における教育課程の基準等の在り方に

ついて」(平成26年11月20日　中央教育審議会)の中で、「「何を教えるか」という、知識の質や量の改善はもちろんのこと、「どのように学ぶか」という、学びの質や深まりを重視することが必要であり、「課題の発見と解決に向けて主体的・協働的に学ぶ学習」」とあります。

　なぜ？　どうして？　という課題を掘り起こす児童生徒の興味や関心は、読書を通して醸成されるものだと考えています。また主体的・協働的な学びには学校図書館の活用が欠かせません。

　学校図書館は、今後ますます重要な存在になっていきます。2014年6月に学校図書館法が改正され、学校司書が法律上明確に位置付けられました。

　学校図書館ボランティアも、教職員とは一味違った、学校図書館を支え子どもと本の橋渡しをする、重要な役割を持っています。

2 組織化をどのようにすすめるか

　学校図書館ボランティアが誕生したころは、学校単位での組織化がほとんどでした。学校側からPTA運営委員会などに働きかけて、PTAの活動の一環として募集する、学校だよりなどで学校として直接働きかける、学校図書館担当者が校長の許可を得て広報でお願いするなどです。ときには自らの力を発揮したいと、父母からの学校の教育活動に対する支援の申し出によることもあります。

　近年は市や区といった自治体が、地域に広く協力を呼びかけて説明会・研修会を開催し、校区ごとに派遣するような形態が増えてきています。「基本計画」を始めとして、次々と打ち出された読書活動推進に関わる施策の柱に、「家庭・地域との連携による読書活動の推進」が明記されていることが背景にあるでしょう。

　組織化にあたっては、募集の趣旨を明確にして活動内容例も示し、ボランティア募集の広報から始めることになります。

　各学校におけるボランティアの組織作りについての留意点を、具体的に記していきます。

1　教職員の共通理解

　ボランティアとして活動している方々から、図書館運営に携わっていない教職員からの、感謝の言葉がないといった声を聞くことがあります。感謝の言葉が出ないのは、トップダウン、あるいは図書館担当職員の一存でボランティア募集がなされ、組織化されたときです。

　ボランティアを募集する段階から、趣旨や依頼する内容などを、司書教諭

が中心となって職員会議などの場をとらえて、きめ細かく提案する必要があります。決してあせることなくこのことにしっかりと時間をかけて共通理解を図り、感謝の気持ちをもってボランティアの方々を受け入れることが、その後の息の長い活動へと続く土台となり、校長や図書館担当者の転勤による活動の停滞・消滅といったことが防げます。

ボランティアの募集は、以下のような手順を踏むとよいでしょう。
　①学校図書館担当者（司書教諭・学校司書・図書館部員など）で、趣旨や依頼したい内容を話し合う。
　②学校図書館運営委員会（校長・副校長・教頭・教務主任・司書教諭・学校司書など）において①を提案し、細部を検討する。
　③職員会議に提案し、全教職員の共通理解を図る。
　④学校図書館ボランティア募集の広報をする。

2　学校側とボランティアとの意識の調整

　ボランティア募集の広報に賛同して集まってくる方々は、活動の意欲に満ちています。その方々の気持ちを汲みながらも、「学校における教育活動への協力をお願い」するものであり、学校経営の方針に沿って参加してほしい旨を最初に伝えておきたいものです。
　第一段階として、協力を依頼する文書に、このことを明記する必要があります。学校経営の責任者である校長にリーダーシップを発揮してほしいところです。第二段階として、協力を申し出てきた方々への説明会で、学校図書

館活動は教育活動の一環であるということを伝えます。この最初の段階での説明が、ボランティア活動が軌道に乗る中で芽生えてくる「自由に活動したい」との気持ちを調整するポイントとなります。

3 有償か無償か

　本来、ボランティアとは無償の行為であると考えていますが、「地域の人材活用」というスローガンのもと、市区町村が中心となった組織化では、交通費や若干の手当が支払われる例があります。学校図書館活動の推進のための手立てとして、ボランティア活用を県として掲げた例では、活動への参加形態により支払う金額を変えての有償ボランティアとしました。一つの学校にも関わらず、活動時間帯によって無償ボランティアと有償ボランティアが混在するという例もありますが、こうしたことは好ましい事例ではないでしょう。

　筆者は、ボランティアという呼称を使った組織化においては、善意の行為として無償で活動していただくのが基本だと考えています。

4 活動時間・活動場所の設定

　後で述べる活動内容と関係しますが、いつ、どこで、どんな活動をするのか、明確にしておきます。全校一斉読書の時間に、定期的に教室で読み聞かせをしてもらう、秋の読書行事にあわせた、図書館の掲示物の作製などさまざまに考えられますが、大切なことは司書教諭のリーダーシップのもと、教職員の意見なども聞きつつ、ボランティアの気持ちを尊重して無理のない、1年間を見通した活動計画を立てることです。

　掲示物の作製などの際には、活動場所の確保とともに材料の提供をしていく必要があります。活動する経費の確保も重要です。

5 プライバシーの保護

　朝の時間帯の教室や昼休みの図書館では、授業参観時などとは違う児童生徒の様子を見聞きし、児童生徒が手にしている図書のタイトルを知ることもあるでしょう。

　ボランティア活動中に見聞きすることになる児童生徒の個人情報については、プライバシー保護の観点から、決して外部に漏らすことのないように事前に伝えておく必要があります。教職員には守秘義務があり、ボランティアも準じてほしいと申し入れることが大切です。

　学校側の留意点としては、朝など全校一斉読み聞かせの時間には、教員（担任）が教室にいるようにします。ボランティアが読む本の内容や、読み聞かせに対する児童生徒の反応などを知る良い機会となります。また、けがなどの事故が起きた場合にも、素早く判断し対応できるからです。

3 ボランティアの活動内容

　学校にとってもボランティアにとっても納得のいく活動にすることが、活動への充実感を生み、継続化につながります。
　「どのような活動をしてもらうか」ということについては、募集前の校内における話し合いが大切です。前述の学校図書館運営委員会のような場において、十分に検討したいものです。
　次に、集まってきたボランティアのメンバーとの話し合いが必要です。学校側の考えを押し付けることなく、ボランティアの気持ちを尊重しながら調整を図ります。司書教諭がリーダーシップを発揮してほしい場面であり、学校司書が配置されている学校においては、学校司書にも参加してもらい、双方の意思疎通を図りましょう。

1　活動内容を調査結果から見る

　現在ボランティアを活用している学校では、どのような活動を行っているのでしょうか。
　平成26年度「学校図書館調査」（文部科学省）から小・中学校の例を見てみます。

- 配架や貸出・返却業務等、図書館サービスに係る支援
  小学校　17.9％　　中学校　34.8％
- 書架見出し、飾りつけ、図書の修繕等支援
  小学校　44.6％　　中学校　55.0％
- 読み聞かせ、ブックトーク等、読書活動の支援
  小学校　94.0％　　中学校　51.5％

○ 学校図書館の地域開放の支援
　　小学校　2.4%　　　中学校　3.1%

　この結果を見ると、小学校においては「読書活動の支援」が突出しており、中学校では「図書の修繕等支援」と「読書活動の支援」が並んでいることがわかります。

2　望ましい活動内容

　ボランティア募集に応じてくる方々は、実に多彩な力を持っています。四季折々の掲示物作成や館内の飾り作りなど、素晴らしい力を発揮してくれることでしょう。またこれらの、学校図書館を普通教室とは違った空間に演出する環境整備ははっきり眼に見えるものであり、学校図書館に足を運ぶ児童生徒の増加などに直結します。ボランティアにとっても学校図書館の活性化が見え、活動の充実感につながります。

　「"中学生に読み聞かせなんて"と背を向けていた生徒たちが少しずつ耳を傾けるようになり、やがて身を乗り出すようにして聞くようになった」と、中学校で読み聞かせボランティアを続けている方から聞いたことがあります。また、中学校や高等学校において、生徒が近隣の保育所や幼稚園を訪問して読み聞かせをするという学習に合わせて、ボランティアが読み聞かせを伝授するという実践も増えています。

　読み聞かせやブックトークなどの読書活動の支援は、児童生徒を前に

ボランティアによる図書の装備（土庄町立土庄小学校）

しての活動であり始めは戸惑いもあるでしょうが、回を重ねるにつれて集中する児童生徒の様子を目の当たりにすることができ、ボランティア活動の醍醐(だいご)味が味わえるでしょう。

司書教諭や学校司書の専任化が進まず、担任と兼務の学校図書館運営は忙しいです。

しかし善意に甘え、ボランティア活動としてふさわしくない仕事を担ってもらうことはすべきではありません。図書の購入、データの入力、カウンター業務などはそれにあたります。図書資料は教育課程の展開に沿い、長・中期的計画で揃えていくべきだからです。データの入力には、図書館の経営方針に沿った一貫性が求められ、専門性を必要とします。またカウンター業務は、児童生徒の個人情報にいちばん触れやすい仕事であるからです。

次にボランティアの具体的な活動内容を紹介します。

3　具体的な活動内容

(1) 楽しく使いやすい環境づくり

　○資料の所在を明確に

　　　図書館を活発に使ってもらうための第一歩は、どこに何があるのかがすぐにわかるようになっていることです。

　　　入口近くに館内の配置を示す案内地図を、書架には見出し版などの表示があると、探している資料にたどり着きやすくなります。

　　　イラスト入りの図書館地図を作成してみませんか。

　○利用者を歓迎するマスコットを

「本のたからばこ」など、図書館に親しみやすい名前をつける学校が増えています。名前に合ったマスコットを作成して子どもたちを迎えてあげると、楽しく足を運ぶきっかけになるでしょう。
○季節感あふれる掲示物作り
　四季折々の掲示物を作成し、図書館の廊下の壁や図書館内の一角に彩を添えます。詩や俳句を添えると、言語感覚を磨く一助にもなります。あわせて校庭の草花を飾るのもおすすめです。
○本の整理や修理、書架の掃除
　休み時間などの集中的な利用で、書架は乱れてしまいます。次に来る利用者が気持ちよく使えるように整理をします。あわせて書架のはたきがけや隙間をぞうきんで拭くなど、気の付いたところをきれいにします。
　背表紙などの傷んだところを修理したり、傷んだラベルを貼り替える作業を行います。

(2)読書の楽しさを味わえるように
　○お薦めの本の紹介
　　ボランティアならではの感性で選んだお薦めの本の紹介コーナーを作ります。教員とは一味違った本の紹介コーナーができるでしょう。
　　ポスターにしての掲示、現物を並べての展示コーナーなどの方法があります。紹介した本のポップを一緒に置く、しおりに「本のひとこと紹介」を書いてプレゼントするなど、一歩進んだ紹介の方法です。
　○読み聞かせ
　　朝の一斉読書の時間や休み時間、あるいはゆとりの時間などに読み聞かせをします。本だけでなく紙芝居もおすすめです。
　　大型絵本や大型紙芝居を作り、体育館での学年集会や全校集会などの読書イベントに読み聞かせをすると、迫力があって子どもたちに大人気です。最近はピアノなどの演奏とコラボをする読み聞かせも増えてきています。

○パネルシアター・ペープサート
　　低学年の子どもたちに人気の、物語の世界にいざなう手法です。専門書を参考にしてチャレンジしてください。
　　図書委員に作成の仕方を教えると、委員の活動が広がります。
○読書クイズで読書集会に参加
　　図書館の本を題材に、読書クイズを作ります。読書集会の場でクイズを出して集会を盛り上げるのもよいですし、図書館に掲示して、その近くに解答用紙を置く方法もあります。
　　手作りの景品があるとなおよいでしょう。

(3)調べ学習のための資料集め・資料作りなど
　○新聞の切り抜きと整理　※
　　　即時性を特色とする新聞は、現在進行形の課題の最適な資料です。
　　　ファイル資料の件名に合わせて、記事を切り抜き整理します。
　○絵葉書・パンフレットの収集と整理　※
　　　ボランティア通信などで在校生の家庭にお願いし、旅行等で購入した絵葉書や、美術館・博物館に行ったときのパンフレットを寄贈してもらいます。今、外国からの旅行者の増加に伴い、数か国語のパンフレットを作成している観光地がありますが、さまざまな学習場面で活用できる良い資料となります。
　　　地域別、館種別などに分け整理します。
　○資料目録作り　※
　　　学習テーマや課題に合わせて、主にファイル資料の目録を作ります。また、ファイル資料の表示板を作ります。
　○蔵書点検　※
　　　１年間に１回はしたい蔵書の点検ですが、大変、時間のかかる仕事です。また図書のデータベース化ができている図書館では、蔵書点検の方法が異なっています。

作業の手順を確認のうえ、司書教諭・学校司書などとともに取り組みたい作業です。

　※印をつけた「調べ学習のための資料集め、資料作りなど」の活動については、学校図書館の「学習センター」「情報センター」「資料センター」としての機能の根幹に関わる内容です。p.24の一覧表を参考にして、司書教諭・学校司書・学校図書館担当教諭の指示に従って活動してください。

4　著作権への配慮を

　掲示物や大型絵本、パネルシアターなど、環境作りや読書行事に関わる活動では、特に著作権への配慮が必要です。
　例えば、市販されている絵本を大型絵本や大型紙芝居にするときには、著作権者の許諾が必要です。また絵本の登場人物を大きく描いて掲示物とするようなときにも許諾を得る必要があります。まずは出版社に問い合せてみるのがよいでしょう。
　著作権については著作権法に詳細に書かれていますが、理解しにくいときには「公益社団法人著作権情報センター」に問い合わせてみましょう。
参考資料　『気になる著作権Q&A：学校図書館の活性化を図る』（はじめよう学校図書館8）森田盛行・著　全国学校図書館協議会　2013

活動内容と望ましい連携のありかた

活動内容	関わる人（◎＝中心となる人）
掲示物作成	
内容の検討	◎司書教諭・学校司書・ボランティア
作成	◎学校司書・ボランティア
マスコット・小物の作成	
マスコットの募集・決定	◎司書教諭・学校司書・図書委員会
作成の仕方の検討・作成	◎司書教諭・◎学校司書・ボランティア
材料の調達	◎司書教諭・校長・事務
本の整理・修理	
方法の検討・準備	◎司書教諭・学校司書
整理・修理	◎学校司書・◎司書教諭・ボランティア
本の貸出・返却	
本の貸出・返却	◎学校司書・図書委員会
返却された本の整理	◎学校司書・図書委員会・ボランティア
本の紹介	
おすすめ本の選定	◎司書教諭・◎学校司書
ディスプレイ・ポスター作成	◎学校司書・ボランティア・図書委員会
読み聞かせ・ブックトーク	
教育課程に基づいた計画、提案	◎司書教諭・学校司書
本の選定	◎司書教諭・学校司書・ボランティア
子どもたちへの指導	◎司書教諭・◎担任・学校司書

パネルシアター・ペープサート	
教育課程に基づいた計画・提案	◎司書教諭・学校司書
作成	◎学校司書・ボランティア
材料の調達	◎学校司書・校長・事務
新聞のスクラップ	
切り抜く記事の決定	◎司書教諭・学校司書・担任
切り抜き作業	学校司書・◎ボランティア
整理	◎学校司書・ボランティア
絵葉書・パンフレットの収集・整理	
在校生への呼びかけ	◎司書教諭・校長・担任
整理の仕方の検討	◎司書教諭・学校司書・図書委員会・ボランティア
整理	学校司書・図書委員会・◎ボランティア
ファイル資料目録・表示板作成	
作成の仕方の検討	◎司書教諭・学校司書・ボランティア
目録・表示板の作成	◎学校司書・ボランティア
蔵書点検	
時期の決定・返却の呼びかけ	◎司書教諭・学校司書
蔵書点検作業	◎学校司書・司書教諭・ボランティア

＊学校司書の配置の状況などにより、連携のありかたは異なります。

4 ボランティアの研修

　ボランティアの増加に伴い、研修会も盛んに行われるようになってきました。市町村や区が中心となったもの、学校が独自に開催するものなど開催主体はさまざまですが、内容は共通しています。読み聞かせの方法、本の選び方などの読書活動の支援に関わるもの、掲示物の作成やポップ作りなど環境整備に関わるものなどが中心です。最近では、「学習指導要領と学校図書館」、「学校図書館とは」といった、今、学校に求められている教育と直結した内容の研修会もあります。それは「学校運営の一環としてのボランティア活動」であることを知ってもらうということの表れでしょう。
　ボランティアに対する研修会は、ぜひ開催しましょう。ボランティアを募集・依頼する側の義務といっても過言ではないでしょう。筆者も複数の区や市町村の研修会の講師を務めましたが、参加者の熱意には頭が下がりました。
　また研修会はボランティア同士の交流の場にもなり、新たな活動意欲を生み出すことにもつながります。

ボランティアの研修（土庄町立土庄小学校）

　以下に、ボランティアの研修の例を記したいと思います。
　(1)学校としてできる支援・協力
　　○学校図書館の資料を見る機会を設ける。
　　○ボランティアに本や紙芝居の貸出しをする。
　　○司書教諭や学校司書の読

み聞かせやブックトークの実演を見てもらう。
　　○さまざまな団体が開催する講座の案内をする。
(2)PTA活動の一環として
　　○成人教育学級の講座の中で、パネルシアターの作成方法などを入れる。
　　○作家を招いての講演会や、他地区で活躍しているボランティアグループの講演会を企画する。
(3)地域の活動として
　　○公立図書館の職員が中心となって、ストーリーテリングなどの講習会を開催する。
　　○各校区のボランティアグループと連携して、読み聞かせに「おすすめの本」のリストを作る。
　　○ボランティア協議会を立ち上げて、活動交流会を開催する。
　　○公民館が主催して、ボランティア養成連続講座を開催する。

　20年以上にわたって活動しているO市のボランティアグループは、自らの研修会を定期的に開催するとともに、次につなげるための養成講座も開催しています。内容も「読み語りに適した本の選び方」、「ブックトークの方法」、「子どもと絵本の世界」など多岐にわたっています。
　研修会プログラムの例を参考にしてください。

学校図書館ボランティア養成講座　年間予定(例)

	テーマ	内容	実施時期
	学校図書館ボランティア養成講座　基礎編		
1	学校図書館とボランティア・分類	・学校図書館の役割（教育の場） ・ボランティアの心得について ・活動内容	6月22日
2	学校図書館装備の基本 （ブッカーの貼り方）	・ブッカーのかけ方	6月26日
	学校図書館ボランティア養成講座　おはなし会編　＜連続講座＞		
3	読み語り　基本	・読み語りの方法 ・本の選び方	10月19日
4	読み語り　実践	・読み語りの実演	10月29日
5	パネルシアター	・学校図書館におけるパネルシアターの活用について ・演じ方のポイント、実演	11月19日
	学校図書館ボランティア養成講座　実務編　＜連続講座＞		
6	著作権	・学校、教育機関における著作権（特に複製）の取り扱いについて ・ボランティア活動と著作権	11月30日

足立区立中央図書館

5 これからの課題

　学校図書館ボランティアとの協働のための、これからの課題について3点ふれたいと思います。

1　学校司書や司書教諭の代わりではない

　「ボランティアがいるから学校司書を配置する必要はない」と言い切る校長がいるとの嘆きを耳にすることがあります。認識不足もはなはだしいといえるでしょう。地域力の活用をあげる文部科学省もしっかりと役割分担を明示しています。（p.11参照）
　司書教諭や学校司書の専任化も進め、学校図書館を活性化する別の力としてボランティアとの連携を図りたいものです。

2　学校がリーダーシップを

　新しく配置された学校司書が、ボランティアに「手を出さないで」と言われて困っていると相談を受けたことがありました。学校の教職員は3年から5年サイクルで転勤していく状況の中、20年以上も地域住民としてボランティア活動を続けている方の言葉でした。学校としては、地域の人に任せておけば楽という意識で長い年月が流れ、このような結果に至ったのでした。学校の教職員も学校図書館の機能についての認識に欠けていたのでしょう。ボランティアに非はなく、学校として関わってこなかったことが原因です。
　前述したように、教育活動を支える学校図書館のボランティアです。学校がしっかりとリーダーシップを発揮しましょう。

3 「読み聞かせ」への配慮を

　一冊の本があればできる読み聞かせ……ボランティアが一番取り組んでいる活動です。手軽ですし、児童生徒も大好きです。だからこそ、ちょっと立ち止まってみてください。
　ボランティアによる読み聞かせの本は、どのように選んでいるのでしょうか。子どもたちが喜んでくれるからと、興味本位で本を選んではいないでしょうか。本には力があります。特に読み聞かせは人から人へと本をつなぐ手法ですから、その力は増幅します。だからこそ、事前に、読み聞かせに入るクラスの実態を知る担任に相談したり、本の専門家である司書教諭や学校司書の考えを聞いたりする場を設ける必要があります。

　筆者が勤務した学校におけるボランティアの皆さんは、30年を経た今も少しずつ形を変え、活動を継続しています。ボランティアの中の核になっている方が折にふれ周りに声をかけて賛同者を増やし、PTA活動の一つに組み込む工夫などをしてきた結果のようです。昨年、一つの学校の成人教育学級で話をしてくれと頼まれ出向きました。学校図書館ボランティアが積極的に働きかけて実現した講座でした。地元のテレビ局の取材もあり、後日知人から「テレビを見ましたよ」と声をかけられました。
　何よりもうれしかったのは、教え子の親子が講座に参加していて、当時のことを良き思い出として話してくれたことです。
　現代社会は、時間の流れが速く、日々忙しいという思いに流されがちですが、こんな時代だからこそ、成長していく子どもたちのために、"今、できること"を"できる人"が"できる範囲"で実践していくことが大切だと思います。

　学校としても、熱意ある方々の協力を得て学校図書館をより活気あるものにしていきましょう。教育活動は開かれたものです。学校の教職員の力と、地域の方々の力が一緒になったときに、より魅力的な学校となることでしょう。

6 川越市立新宿小学校での実践
：ボランティアの活動実践例1

1 ボランティアの立ち上げ

　筆者が新宿小学校に赴任したときは、まだ学校図書館にボランティアは入っていませんでした。赴任してすぐ、図書館主任と司書教諭になったので、早速、学校図書館の仕事を始めました。川越市では学校図書館に図書整理員という、学校司書の仕事をしてくれる職員が配置されていました。週3日でしたが大きな戦力でした。また、この年川越市では学校図書館のデータベース化が始まり、図書館のリニューアルも同時に行うことができました。

　筆者は2年生担任の最初の保護者会のときから、読書の大切さを強調して伝えていたこともあり、ＰＴＡ活動の成人教育で行う家庭教育学級で「読書の大切さと学校でできる読書指導」の話をすることになりました。当日はたくさんの保護者の方が聞きにきてくれました。そして、「自分たちも子どもたちの読書活動に関わりたい」という気持ちから、読書ボランティアを立ち上げてくれることになりました。保護者会、学年会、図書館部会、職員会議などあらゆる場面で読書の大切さを話していくことが、共感や理解を生み発展していく種になりました。

　司書教諭として、管理職に相談したり、学校図書館に関わる教職員と連携したりして計画を進めていきました。まず、はじめは読書月間の読書タイム（毎週月曜日の朝）に読書ボランティアが各クラスで読み聞かせをするという、職員会議での具体的な提案を経て、学校図書館ボランティアの立ち上げをすることができました。無理なく始めるということで、月に1回、全学年でスタートすることになりました。

平成18年4月吉日

新宿小学校保護者各位

新宿小学校読書ボランティア募集

新宿小学校校長　奥平　　昇
新宿小図書部　山田　万紀恵

　日頃より本校の教育活動におきましてご理解ご協力をいただき感謝申し上げます。
　平成18年度は、月曜日に全校一斉で読書タイムに取り組みます。その中で、下記の日程で「読み聞かせ」を企画いたしました。ご多忙中とは存じますが、何卒趣旨ご理解のうえご協力くださいますようお願い申し上げます。なお、新１年生のみの保護者の方は、２学期よりの募集となります。

記

1. 　実施日　　平成18年　5月15日（月）、　6月12日（月）、　7月10日（月）
　　　　　　　　　　　10月16日（月）、11月　6日（月）、12月11日（月）
　　　　　　　平成19年　1月15日（月）、　2月　5日（月）
2. 　時　間　　8時25分～8時45分
　　　　　　　読み聞かせの前に図書室で出席確認をお願いしております。
3. 　会　場　　新宿小学校　各学級
4. 　本の選定　本校「くすの木図書館」の図書をご活用ください。
5. 　事前打合せ　平成18年5月2日（火）午前9時～
　　　　　　　くすの木図書館にて
　　　　　　　ボランティアに参加いただける方で、打合せ日に出席いただけない場合は
　　　　　　　担当者より、後日ご連絡いたします。

- - - - - - - - - - - - - - - - -切り取り線- - - - - - - - - - - - - - -

4月21日（金）までに担任へお出しください

読書ボランティア参加申込書

保護者氏名
連絡児童　　　　　年　　　組
電話番号　（自宅）　　　　　　　　　　　（携帯）

参加いただける日に〇印を付けてください。
（　）　5月15日（月）　（　）　6月12日（月）　（　）　7月10日（月）
（　）10月16日（月）　（　）11月　6日（月）　（　）12月11日（月）
（　）　1月15日（月）　（　）　2月　5日（月）

（　）読書ボランティアに関する計画を立てたり、全校読み聞かせ等の企画に係わっていただける方を募集しています。参加いただける場合は〇印を付けてください。

読書ボランティア募集

2　読書ボランティアの読み聞かせ

　新宿小学校では今まで週に1回行われていた読書の時間を利用し、月に1回全学年、全クラスで読み聞かせを行うことから始めました。20クラスあったので、たくさんのボランティアが必要でしたが、協力を惜しまず参加してくれる保護者の方々のおかげで活動することができました。中心になって活動を進めてくれる保護者の方がこの年の責任者になり、数人でボランティア運営委員会を組織しました。

　読書ボランティアの募集はボランティア運営委員会と司書教諭が相談して、学期ごとに日程を決めました。この日程をもとに募集の文書を作り全校の保護者に配布しました。すべて参加できなくても、都合の良い日だけで参加してもらえるようにしました。文書の配布と回収は各担任が行い、司書教諭が全体を集約しました。

　回収された文書をもとに、運営委員会でボランティアの分担をしました。

3　読書の行事に参加

　1年目の秋から月に1度全学年・全クラスの読み聞かせが始まりました。また、4月23日の「子ども読書の日」が制定されてから、全校の読書活動を考えていましたが学級担任をしている司書教諭はそのころ、忙しくなかなか活動ができませんでした。そこで、ボランティアの方に相談したところ、2年目からは子ども読書の日に合わせて、全校児童対象に体育館で読み聞かせを行うことになりました。

　さらに、例年行っている11月の読書月間にも、体育館で全校児童対象に読み聞かせを行うようになりました。時間は朝の読書の時間を利用して、20分ぐらいでできるものを行っていきました。この読書の行事は一人の保護者が行うのではなく、チームを作り、本を決め役割読みなど工夫して取り組みました。実施する前に、内容や読む本、時間などを司書教諭と相談して決めて

~読書ボランティア活動記録~　　　　　　　　　17年度

____年　____組　　＊　次に読む方が本を選ぶ参考にするため、わかる範囲でご記入ください

日付	本の題名	作者	出版社	本を読んだ人（氏名）	備考欄（個人蔵書、等）

読書ボランティア活動記録

いきました。

　新宿小学校には大型絵本が6冊あります。その中から、『注文の多い料理店』を読み聞かせすることになりました。練習は自主的に行い、リハーサルなどはなるべく、司書教諭も立ち合い協力して取り組みました。その後、回数が増

ピアノと朗読の会

えるごとに内容も充実してきました。出版社に許可をいただき、パワーポイントで絵本の画面を映し、読み聞かせをしました。

　11月の読書月間では、ピアノと朗読の会として『マッチ売りの少女』を全校児童に読み聞かせしました。その後も、ピアノの生演奏が入ったり、卒業生のバイオリン演奏が入ったり、音楽の効果も入れて進化し、現在も継続しています。

　こうして新宿小学校の児童は年に2回、体育館で全校読書を楽しむことができるようになりました。その実践が10年以上も継続されているのは、すばらしいことだと思います。

　読み聞かせに使う本は、基本的に新宿小学校の図書館にある本を使ってもらいました。ボランティアが事前に家で読むため、貸出冊数の制限を設けず、貸出ノートに書いて借りてもらうようにしました。

　また、近くにある公共図書館の本も利用していました。家で練習すると、自分の子どもも喜んで聞いているという話も聞きました。

　各クラスの読み聞かせ後、図書館に集まり、読み聞かせをした本の記録を書き、情報交換をしました。回数を重ねるたびに、本の選定や読み聞かせの技術も高まっていきました。急に都合がつかなくなった母親の代わりに、父親が読み聞かせに来てくれたこともありました。

　学校でPTA主催のバザーを開いたとき、読み終わった本を持ち寄り、ボ

ランティアによる本の交換会を行いました。自分たちで考えた活動であり、学校からの依頼だけでなく自分たちで活動の幅を広げる力には驚きました。

4　学校図書館のリニューアル

　筆者が転任した年は、学校図書館のリニューアルや図書資料のデータベース化など、同校の学校図書館が大きく変わる予定になっていた年でした。全教職員の協力のもとに本の入れ替えをしたり、書架のしなっていた棚板を取り外して新しい板を入れたりしました。新しい棚板は強度が強く、しなることなく本が真っ直ぐに並びました。学校図書館のリニューアルや図書のデータベース化、棚板の費用も教育委員会に掛け合い負担してもらい、管理職、同僚の協力と助けがあって実現することができました。

　その後、ボランティアの運営委員会が中心になり、学校図書館の広報活動や掲示・展示活動、研修担当などの組織ができました。

　広報活動では、読み聞かせの様子や本の紹介、近くにある公共図書館の紹介など、ボランティアの活動を中心に読書に関わることなら何でも、司書教諭と相談しながら図書館だよりの企画を考えて進めていきました。

　掲示・展示活動は明るく児童が来たくなる図書館を目指して、季節や行事に合わせた変化のあるものにしていきました。

　研修の担当は、ボランティアの活動を通して必要なことを研修していこうと企画を考えていました。年に1回程度しかできませんでしたが、毎年の積み重ねが大きな力になっていきました。

　読み聞かせを中心にして始まったボランティアの活動ですが、自分たちでできることを考え発展させ、活動の幅が広がり、軌道に乗せることができました。

　「学校図書館に名前を付けよう」という取組みを児童会で行うことになりました。児童が考え、学校の木にちなんで「くすのき図書館」に決まりました。学校図書館ボランティアの中の美術大学出身の方がリーダーになって、

5人の掲示活動のメンバーが決まりました。くすのき図書館にふさわしい掲示にするように考え、くすの木を図書館の中と廊下に大きく作ることになりました。大きくて立派な木ができて、明るく親しみのある図書館になりました。掲示担当のボランティアが中

図書館のくすの木

心となって、協力し活動している姿に、みんなでくすのき図書館を作っているという連帯感を持つことができました。

　この活動を通して、司書教諭とボランティアの方々の連絡を密にとっていくと様々な活動が実を結んでいけることを実感できました。

5　ボランティアの広報活動

　学校図書館の大きなくすの木の掲示には、フクロウがとまっています。同僚が作ったフクロウですが、そこから「ふくろうの森」という、図書館だよりが生まれました。2か月に1度、発行することになりました。ボランティアの組織の中に、5人の広報活動の担当ができました。「ふくろうの森」の内容や方針を司書教諭と相談して発行していきました。印刷する前に管理職にも目を通してもらい、全校の家庭に配布しています。

　近くの中学校の学校図書館で貸出数が増えていると聞けば、そのリニューアルされた学校図書館を取材して紹介するなど、内容を工夫して発行が続いています。

　裏面には司書教諭が紹介する本（低学年向き、中学年向き、高学年向き、保護者向き）を掲載し、本の紹介に役立てました。近くの書店はこれを見て品ぞろえを替えたという話もありました。広報活動を行うことで、全校の家

ふくろうの森

くすの木図書館だより
第 18-1号
新宿小図書館
平成18年4月28日発行

　新学期が始まり3週間が過ぎようとしています。新宿小学校の図書館では新しい学年での貸し出しが始まりました。新1年生にも貸し出しのオリエンテーションが終わり、図書館の本が利用できるようになりました。昨年度までの図書整理員、黒主さんがお辞めになり、新しく高平さんが来られました。さっそく新宿小学校の図書館のために働いてくださっています。
　ボランティアの読み聞かせも今年で3年目を迎え、より充実したものになっています。読書ボランティアの募集にはたくさんの方が応募してくださいました。ありがとうございます。まだ提出していない方、考えていらっしゃる方は、ご都合のつくときだけで大丈夫ですので、ぜひご協力ください。
　今年度もみんなで「くすの木図書館」を充実させ、たくさんのよい本を子どもたちに手渡していきましょう。よろしくお願いいたします。

4月23日は「子ども読書の日」
大型絵本の読み聞かせが行われました

　4月21日（月）体育館で、「子ども読書の日」にちなみ大型絵本の読み聞かせが行われました。大型絵本は本校の卒業生が製作したもので、宮沢賢治の「注文の多い料理店」を鮮やかな色彩で描いたものです。ボランティアのお母さん方によるピアノの演奏と朗読を、全校で楽しみました。

「注文の多い料理店」
　　宮沢　賢治　作
　　島田　睦子　絵
　　　　　　　偕成社

　「子ども読書の日」は、平成13年に「子どもの読書活動の推進に関する法律」第十条で定められ、国民に広く子どもの読書活動についての関心と理解を深め、積極的に読書活動を行う意欲を高めるために設けられたものです。子どもたちに、よい本に親しむことをすすめ、読書の喜びや楽しみを知らせ、読書の習慣を身につけさせる好機であると同時に、大人にとっては、子どもの読書がいかに大切なことかを考える機会でもあります。

読書ボランティア随時募集中！
5月2日(火)9時より、くすの木図書館で説明会を行います。ぜひお立ち寄りください。

くすのき図書館だより「ふくろうの森」

くすの木図書館にあるよ！
山田先生のおすすめ本 Vol.19-1

感想文は「おもしろかった」だけでなく、自分の考えを深めてくれる本を選ぼう

低学年

「としょかんライオン」	ミシェル・ヌードセン	岩崎書店
「めだかのぼうけん」	伊地知 英信	ポプラ社
「りっぱな犬になる方法」	きたやま ようこ	理論社

中学年

「嵐のティピー」	ポール・ゴーブル	光村教育図書
「世界あちこちゆかいな家めぐり」	小松 義夫	福音館書店
「小さな水の精」	オトフリート・プロイスラー	徳間書店

高学年

「ジュリエッタ荘の幽霊」	ベアトリーチェ・ドンギ	小峰出版
「イソップ」	青木 和雄	金の星社
「被爆者」	会田 法行	ポプラ社

お母さんたちへのおすすめ本

「一瞬の風になれ」	佐藤 多佳子	講談社
「猫の名前」	草野 たき	講談社
「天と地の守り人」	上橋 菜穂子	講談社

司書教諭おすすめの本

庭に今の学校図書館で行われていることや、川越市の読書活動に関する施設の紹介などを伝えていくことで、情報の共有化を図ることができました。広報活動が10年以上続いているのは、ボランティアの努力の賜物だと思います。

6 ボランティアの研修

　新宿小学校では毎年、ボランティアの研修を行っています。研修の内容については、ボランティアと司書教諭が相談して決めます。講師の選定や連絡は司書教諭が担当します。研修の内容は「読み聞かせの本の選び方」や「読み聞かせの方法」について、公共図書館の司書に本校で話してもらいました。読み聞かせで使う「パネルシアター」をボランティアと教師が一緒に作ったこともありました。

　形式にこだわらず、自分たちのやりたい内容を大切にして、1回1回の研修を充実させることが、ボランティアの向上に繋がっていきます。今年度の新宿小学校ボランティアの研修はボランティア発足12年を記念して、発足当時の方を呼んで、当時の話や実践の様子について語り合い、今後の活動の流れを確認しました。研修は今、課題になることや困っていることなど、状況に応じて必要な講師を招き、進めていけることが重要だと思います。

　そのためには、司書教諭との連携が大切で、絶えず司書教諭はボランティアの意向を汲み、研修を設定する必要があります。

7 その他のボランティアの活動

　新宿小学校のボランティアは、教職員だけではできない蔵書点検の支援や、家で読まなくなった本を学級文庫に寄贈する呼びかけなども行いました。また、学校でPTA主催のバザーで、読み終わった本の交換会を行いました。自分たちで考えた活動でした。しかし、任せっきりということではなく、必ず司書教諭や管理職と連絡をとり、学校の教育活動にふさわしい内容で進め

ていきました。
　新着の本がたくさん入ってくる時は、図書整理員とボランティアがいっしょに装備の作業を行ったので、いち早く児童に本を届けることができました。傷んだ本を修理したり、ラベルがはがれている本にラベルを貼ったり、たくさんの人の手があることは、学校図書館の運営を助けてくれます。ボランティアが自分たちで活動を考え司書教諭や図書整理員と協力して、幅広い活動ができていることは心強いことです。

平成18年7月10日

読書ボランティア各位

蔵書点検・2学期読書ボランティアのお知らせ

新宿小学校校長　奥平　舞
新宿小図書部　山田　万紀恵

　盛夏の候、ますますご清栄のこととお慶び申し上げます。
　今年も夏休み中、下記日程にてくすの木図書館の蔵書点検を実施します。人手が多いとはかどる単純作業ですので、多くの方にご協力いただけると助かります。
　また、2学期の読書ボランティア予定表を作成しますので、下の申込書にて参加できる日をご連絡くださいますようお願い申し上げます。

記

1. 蔵書点検日時　平成18年7月27日(木)　9時～11時30分
　　　　　　　　　　　　　　　　　　　　13時～15時30分
2. 作業内容　　　図書館の本をコンピューターの登録と付き合わせる作業。
　　　　　　　　先生の指導の下に作業します。

以上

- - - - - - - - - - - - - - - - - - - -切り取り線- - - - - - - - - - - - - - - - - - - -

／6年4組　山田先生行き　(7月14日　金曜日まで)

保護者氏名
連絡児童　　　　　年　　組　氏名

【蔵書点検】
7月27日(木)　午前　　　□参加できる　□参加できない
7月27日(木)　午後　　　□参加できる　□参加できない

【2学期　読書ボランティア】
10月16日(月)　　　　　　□参加できる　□参加できない
11月 6日(月)　　　　　　□参加できる　□参加できない
12月11日(月)　　　　　　□参加できる　□参加できない

蔵書点検の呼びかけ

8　ボランティア活動の継続

　ボランティアの活動が発足する時は、みんなやる気に満ちていますが、継続していくことはとても大変だと思います。学校の教職員は異動があり、司書教諭や学校司書も替わります。ボランティアは学区に住んでいる方が多く、何年も継続して活動を続けています。自分の子どもが卒業しても引き続き活動をしてくれる方も多く、学校の教育活動に協力的です。

　しかし、新しいボランティアに活動を上手に引き継ぎ、継続していくことは大変です。ボランティア活動の中心になる人が同じだと、組織にマンネリ化が起こってきます。同じ人がいつまでも中心になるのではなく、1年交代にして、次の人をサポートしながら活動を見守っていく体制が必要です。そうすることで、次の世代が育ち、学校図書館ボランティアのマンネリ化を防ぐことができます。

　長い年月の中で、時代にあったボランティアの活動が継続されていくことが重要なことだと思います。無理なくできる範囲で、子どもたちのためにという意識を大切に、続けていくことができればと思います。

絵本の読み聞かせ

7 川越市立高階小学校での実践
: ボランティアの活動実践例2

1 読み聞かせボランティア「お話ポケット」

　川越市立高階小学校には、20年前につくられた「お話ポケット」という読書ボランティアのグループがあります。
　毎週金曜日の朝の読書タイムに、1年生から3年生までと支援学級を中心に、読み聞かせをしています。学期に1回、4年生から6年生に読み聞かせをしています。
　司書教諭が替わったり、学校司書が替わったりする学校側の変化で長年継続してきたボランティアに迷惑をかけないように、引き継ぎを確かなものにしていくことが大切です。
　しかし、司書教諭が異動する良さもあり、筆者が転勤した年に、これまで学校図書館と関わりなく活動していた読書ボランティアに、学校図書館を中心に活動してもらうことにしました。お話ポケットの蔵書をPTAの活動の場所から学校図書館に移し、コーナーを作って配架し、禁帯出として図書館内で閲覧できるようにしました。また、読み聞かせが終わった後、記録を書いたり、話し合ったりする活動を図書館で行ってもらうようにし、学校図書館を絶えず見ていただき、一緒に読書活動の推進事業を行うという意識を持っていただくように心がけました。

「お話ポケット」の読み聞かせ

ボランティアには長年の経験で読み聞かせが上手な方が多く、これまで通りの行い方で十分でした。毎週金曜日、決められたクラスに行き、読み聞かせをしてもらいました。
　読み聞かせの分担や計画の立て方なども確立していて、その年度の中心の方と、学期ごとに学校行事との兼ね合いを考えて日程を打ち合わせするだけで、進んでいきました。

2　子ども読書の日と読書月間

　学校図書館の担当が替わっても、ボランティアがこれまで活動してきた良さは残し、さらに良い活動ができるように工夫することが重要であると考えました。筆者が転勤していくまで、4月23日の「子ども読書の日」や「こどもの読書週間」、11月の「読書月間」にちなんで実施する特別な活動はありませんでした。4月の「子ども読書の日」の頃、司書教諭はクラス担任をしているため新しい学級中心の仕事に追われ、準備ができません。そこで、1年生から3年生中心の読み聞かせを、特別に全学級で行ってもらうことにしました。ボランティアの数も多くなくてはならず、大変だったと思いますが、快く協力してくれました。引き続き、11月の読書月間も同様に全クラスで読み聞かせをしてもらうことにしました。
　読書月間の取組みも学校内だけでなく、ボランティアの方の協力があると盛り上がります。そして、読書月間の活動の幅が広がり、全職員にも読書活動を推進していることや読書指導を行っていることを強調できました。

3　図書館整備

　高階小学校には閲覧室が二つあります。けやき図書館（3年生以上、支援学級）と図書ランド（1・2年生、支援学級）です。これまで、図書ランドの絵本を子どもたちに利用しやすく並べ替える作業は、図書整理員の方一人

ボランティアによる書架の整理

では到底できず、課題となっていました。

そこで、読書ボランティア（お話ポケット）の方に話してみると、協力をしてもらえることになりました。あえて書架の整理のために組織を作ることをしないで、読み聞かせの後にボランティアに協力してもらって、きちんと並べ替えることができました。ボランティアの協力がなかったら、図書ランドはなかなか利用できずにいたと思います。たくさんのボランティアのおかげで一気に仕事が進み、整理整頓された書架になりました。学校からの要請に快く協力してくれるボランティアがいることは、心強いことです。

4　ボランティアの研修

　高階小学校では、ボランティアの研修を行っていませんでした。
　当時の校長先生の従妹が公共図書館の司書をされていたので、これを機会に学校に来ていただき「読み聞かせの本の選び方や読み方」をについて研修を行いました。
　その後、「海外の学校図書館の活動の様子や日本との違い」など、多様な研修を組んできました。時期や内容については、ボランティアの希望と司書教諭が相談して決めていきました。

5　ボランティアは人と人の交流の場

　ボランティアの方々と教員、図書整理員と管理職をつなぐのは司書教諭の

役割です。ボランティアに気持ちよく活動していただくために、司書教諭は連絡を密に取り合うことが大切です。しかし、担任をもっている司書教諭は、なかなか連絡をとる時間がもてないのが現実です。

そこで、中心となっているボランティアの方と連絡ノートなどを使って連絡を取り合うことにしました。中心となる人が記入した連絡ノートを、その子どもが教室に届けてくれます。返事を書いてその子のいる教室に届けると、家まで持って行ってくれます。必要に応じて学校に来てもらったり、電話で連絡を取り合ったりこともありました。

また、1年の始めと終わりには、校長先生に挨拶をしていただく機会をもちました。ボランティアはあくまでも無償ですから、せめてお礼の気持ちを言葉で伝えることが大切です。

音楽会の時期なら、クラスでの読み聞かせが終わったあと、音楽会に向けて練習している歌を聴いてもらうだけでも、ボランティアの方は喜んでくれました。

感謝の気持ちをいろいろな形で表していくことが、ボランティアの方に伝わっていくのだと思います。

ここでは、2校で実践してきたことを書いてきました。ここ数年川越市内どこの小学校でも読書ボランティアが活動しています。このボランティアの活動が末永く続くためには、日ごろの努力が必要です。以前から活動しているからと安心して任せきりにしないで、絶えずボランティアの方の声を聴き、共に活動していく姿勢を持っていくことが大切です。

読み聞かせボランティアの方からは「朝の一時、落ち着いた気持ちで子どもたちと読書を楽しめたので良かったです。」「自分自身の絵本・本に対する興味が広がりました。」「読み聞かせだけでなく、パネルシアターやエプロンシアターを協力して作り、子どもたちに見せてあげたい。」という声がありました。

子どもたちは「自分で読んだら一人で笑ってしまうようなところを、読ん

でもらうとみんなで笑えたので楽しかったです。」「読み方がお話に合っていて、聞きながらどきどきしました。」という感想がありました。

　先生方からは「子どもたちが楽しみにしていました。もっと回数があってもよいと思います。」「本の構成がよく考えられていて、聞いていてジーンとしました。」など好評でした。

　子どもたちのために学校と協力して、読書活動を支えてくれるボランティアの方々が今後も活躍していけるように、学校図書館の司書教諭や学校司書が中心となり、努力をしていきたいものです。

おわりに

　学校図書館の仕事に関わり、子どもたちと本をつなげるのは教員だけでなく、たくさんの方々の協力が必要だと痛感しています。筆者は司書教諭としての発令を受けて、図書館主任という立場より一歩進んだ仕事ができたように思います。

　特にボランティアの方々との関わりは大きなことでした。ボランティアの協力は、学校全体の読書指導に大きな力となり、学校教育を支えてくれました。自分たちの学校の図書館をみんなで一緒に作っていこうという意欲が、魅力ある図書館を作る原動力になっていきました。その思いは着実に子どもたちにも伝わり、図書館大好き、本大好き、という子どもたちが増えました。

　子どもたちと本をつなぐために一緒に活動してくれたボランティアの方々に心より感謝しています。

　このボランティアの活動の流れは、日本中に広がり、たくさんの本好きの子どもたちを育てていくことと信じています。

索引

[あ]
アクティブ・ラーニング ……………… 12

[か]
学習指導要領 …………………………… 12
学校司書 ………………………… 6,13,24,29
学校図書館運営委員会 ………… 15,18
「学校図書館の現状に関する調査」
…………………………………………… 9,18
「学校図書館法」 ………………………… 6,13
学校図書館ボランティア …………… 13
　──の活動 ………………………………… 11
　──の活動記録 ………………………… 34
　──の活動時間 ………………………… 16
　──の活動内容 ………………… 18,20,24
　──の活動場所 ………………………… 16
　──の研修 ………………………… 26,40,45
　──の組織化 ……………………………… 9,14
　──の立ち上げ ………………………… 31
　──の募集 ………………………… 15,32
環境づくり ……………………………… 20
広報活動 ……………………………… 36,37
「子どもの読書活動の推進に関する基本的な計画」 …………………………… 10
「子ども読書の日」 ……………… 33,44

[さ]
司書教諭 ………………… 6,14,24,29,39
書架の整理 ……………………………… 21
書架の掃除 ……………………………… 21
資料目録作り …………………………… 22
ストーリーテリング …………………… 11
蔵書点検 …………………………… 22,40

[た]
著作権 …………………………………… 23
展示・掲示 ………………………… 21,37
読書クイズ ……………………………… 22
図書館整備 ……………………………… 44

[は]
バザー …………………………………… 40
パネルシアター ………………………… 22
プライバシーの保護 …………………… 17
ペープサート …………………………… 22
本の修理 ………………………………… 21
本の紹介 ………………………………… 21

[や]
有償・無償 ……………………………… 16
読み聞かせ ……………… 8,9,11,12,19,
　　　　　　　　　　　　21,30,33,35,43

[ら]
連携 ……………………………………… 24

著者紹介

對崎　奈美子（ついざき　なみこ）　1～5章
埼玉県所沢市、川越市において、小学校教員として31年間勤務する。その間、埼玉県学校図書館協議会研究部管理運営部会長、同事務局長等を歴任。2005年より5年間、全国学校図書館協議会で理事・事務局長・編集部長を務める。2006年より東京学芸大学に勤務、2012年4月より特任教授、2013年4月より特命教授として「デジ読評価プロジェクト」を推進、現在に至る。
共著・分担執筆に『音読1年生』『音読2年生』『学校図書館の活用名人になる』(いずれも国土社)、『学習指導と学校図書館』（全国学校図書館協議会）、『学校経営と学校図書館』（放送大学）などがある。

山田　万紀恵（やまだ　まきえ）　6・7章
埼玉県で38年間、小学校教諭を務める。在職中は、図書館主任、司書教諭として学校図書館に携わる。現在、公益社団法人全国学校図書館協議会参事。
『司書教諭ガイドブック』、『コピーしてすぐ使える司書教諭の授業で役立つワークシート集』(いずれも埼玉県学校図書館協議会編）の編集に携わる。
共著・分担執筆に、『今日から図書委員　小学校版』『学ぶ喜びを広げる司書教諭の活動：司書教諭マニュアル』『オーストラリアに見るコミュニケーション力を培う学校図書館』『フランスに見る学校図書館専門職員ドキュマンタリスト教員の活動』（いずれも全国学校図書館協議会）、『学校図書館必携』（悠光堂）などがある。

資料提供・協力

土庄町立土庄小学校司書教諭　岡亨
横浜市立都岡中学校司書教諭　道浦百合
国分寺市　お話の会「でんでんだいこ」
狭山市立山王中学校
川越市立新宿小学校
川越市立高階小学校
足立区立中央図書館
デジ読評価プロジェクト主催「学校図書館司書・司書教諭のための連続講座」参加者

イラスト　　　　寺井さおり
ブックデザイン　ヒロ工房　稲垣結子
DTP　　　　　　株式会社アジュール

はじめよう学校図書館 12
学校図書館ボランティアへの期待　　分類　017

2016年4月25日　初版発行

著　者	對崎奈美子，山田万紀惠
発 行 者	森田盛行
発 行 所	公益社団法人全国学校図書館協議会
	〒112-0003　東京都文京区春日2-2-7
	TEL 03-3814-4317
	FAX 03-3814-1790
印刷・製本所	株式会社厚徳社

ISBN978-4-7933-2292-1　　　©Namiko Tsuizaki 2016
　　　　　　　　　　　　　　©Makie Yamada 2016